LES LOIS DE LA RÉPUBLIQUE

Troisième Législature, 1881-1885

I

La Chambre de 1877 avait été l'Assemblée libératrice ;
celle de 1881 avait été saluée, à sa naissance, du beau
nom d'Assemblée réformatrice. Les élus du 14 octobre,
après avoir déblayé le terrain, avaient amassé de très
nombreux matériaux ; leurs successeurs reçurent la
mission de mettre ces matériaux en œuvre. « J'espère,
avait dit Gambetta dans son manifeste de l'Élysée
Ménilmontant, que notre pays si vigoureux, si avisé,
si maître de ses volontés, même avec cet instrument défectueux du scrutin d'arrondissement, nous en-
verra une chambre nouvelle qui voudra être et qui sera
une assemblée puissamment, efficacement réformatrice... »
Puis, traçant, dans un admirable discours, le programme
de ces réformes : « Seulement, vous connaissez la méthode que j'ai toujours préconisée devant vous : elle ne
consiste pas à aborder de front, à toucher à la fois à
toutes les questions, à se mettre pour ainsi dire tous les
matériaux de la maison à construire sur les bras, sauf à
rester épuisé sous le fardeau, la maison ne se construi-
sant pas... Non : ma méthode consiste à sérier les questions, à leur donner, pour ainsi dire, des numéros d'ordre et d'urgence. »

Dans quelle mesure, la Chambre de 1881, dont le

mandat vient d'expirer, a-t-elle satisfait à la volonté de
ses électeurs et aux espérances du grand patriote ? Dans
quelle mesure la majorité républicaine a-t-elle accompli
le programme qui lui avait été tracé ? A la veille d'une
nouvelle consultation du suffrage universel, cette question se pose naturellement.

Nous avons apprécié ailleurs, tantôt avec une faveur
que nous continuons à croire légitime, tantôt avec une
sévérité que n'atténue pas le temps écoulé, les actes
politiques de cette Assemblée. Nous avons blâmé le ren-
versement du ministère Gambetta.[1] Nous nous sommes
élevés contre l'abandon de l'Egypte, à une révolte de caser-
nes qui a fini par livrer à l'Angleterre « des territoires,
des fleuves et des passages où notre droit de vivre et
de trafiquer est égal au sien. » Nous avons protesté
quand le cyclone du 30 mars a emporté, pour une dé-
pêche affolée, un gouvernement qui avait donné à la
France deux années de stabilité et agrandi le patrimoine
national. Nous ne modifions pas ces appréciations : il
nous paraît toujours que les députés qui n'ont point par-
ticipé à ces fautes ont seuls bien discerné l'intérêt de la
République et celui de la France, et que ceux qui les ont
commises porteront devant l'histoire une lourde responsabilité. Mais, quoiqu'il en soit, ce n'est point sur ces faits
que porte notre enquête : en dehors de la politique générale, extérieure et intérieure, nous n'étudions ici
que l'œuvre législative de la Chambre des députés qui
vient de terminer sa carrière et que le pays va juger.

L'Assemblée, élue le 21 août et 14 septembre 1881, a
eu contre elle, premier obstacle à la réalisation des
grands progrès espérés, l'infirmité de son origine, le
scrutin du clocher qui rétrécit l'horizon. La majorité
républicaine, après s'être péniblement formée, a rencontré, obstacle redoutable qui a réussi à la désagréger par
deux fois, la coalition des intransigeants et des réactionnaires. Malgré le scrutin d'arrondissement, la troisième
législature de la République a-t-elle ajouté à notre orga-

____

1. *Le Ministère Gambetta*, 1 vol. Charpentier, éditeur.

SOCIÉTÉ D'INSTRUCTION RÉPUBLICAINE

LES
LOIS DE LA RÉPUBLIQUE

Troisième législature, 1881-1885

PAR JOSEPH REINACH

Prix : 15 Cent., par poste, 20 cent.

PARIS

Librairie Centrale des publications Populaires

U.-E MARTIN, DIRECTEUR

5, RUE DES SAINTS-PÈRES,

1885

nisation politique et sociale des lois qui marquent des progrès? Malgré l'obstruction permanente des partis extrêmes occupés seulement à culbuter les ministères les uns sur les autres, la majorité a-t-elle fait œuvre qui vaille et qui mérite de durer? Le corps électoral pose, à bon droit, cette question. Voici les pièces du procès :

II

En tête du programme républicain de 1881, du programme de Ménilmontant, qui fut tracé par Gambetta pour les élections des députés, comme du programme de Seine-et-Oise qui fut adopté pour les élections sénatoriales, figurait la révision de la Constitution. Non moins que les passions réactionnaires des législateurs de l'Assemblée Nationale, des fautes politiques très-graves, qui avaient été commises par le Sénat, l'avaient rendue inévitable. « La voie est bloquée, disaient les sénateurs eux-mêmes[1], et il faut avant tout la déblayer... Rien ne se fera, rien ne passera avant que cette porte ait été ouverte ou fermée. De pareilles questions, une fois posées, appellent impérieusement une solution prompte. »

Cette solution prompte, la coalition des partis extrêmes avait empêché le ministère Gambetta de l'apporter dès le mois de janvier 1882. Plus heureux, plus d'accord avec une chambre qui avait compris la leçon des événements, le ministère Jules Ferry l'a réalisée au mois d'août 1884.

Révision illimitée, intégrale, mettant en suspens le système des deux Chambres, la présidence de République, et, par conséquent, la République elle-même ? Certes, non. Révision, a dit la majorité des deux Chambres,

1. M. John Lemoinne dans le *Journal des Débats*.

ne veut dire ni suppression, ni abolition, ni radiation. Réviser, c'est introduire dans le système électoral du Sénat des modifications qui mettent ce grand corps en harmonie plus complète avec la nature démocratique de notre société [1]. Réviser, c'est consolider la République, décider que « la forme républicaine du gouvernement ne peut faire l'objet d'une proposition de révision. » C'est cette rénovation, sagement limitée aux points essentiels, qui a été accomplie à Versailles, en dépit des tumultes sans nom suscités par l'extrême gauche et par la droite.

La nouvelle loi constitutionnelle comprend quatre articles. Le premier décide qu'en cas de dissolution, « les collèges électoraux sont réunis pour de nouvelles élections dans le délai de deux mois et la Chambre dans les dix jours qui suivent la clôture. » L'article 2 porte que la révision ne peut en aucun cas porter sur la forme républicaine du gouvernement. « Il importe, avait dit le président du conseil, M. Jules Ferry, de déclarer que la République est aujourd'hui la forme définitive du gouvernement, qu'elle n'accepte pas, dans ce pays dont elle a la direction légitime, des conditions d'existence légale inférieures à celles des régimes qui l'ont précédée. » De plus, « les membres des familles ayant régné sur la France sont inéligibles à la présidence de la République. » En vertu de l'article 3, « les articles 1 à 7 de la loi constitutionnelle du 24 février 1875, relative à l'organisation du Sénat, n'auront plus le caractère constitutionnel. » Enfin, l'article 4 supprime la clause relative aux prières publiques comme étant étrangère aux lois constitutionnelles par son caractère et sa nature.

Les articles 1 à 7 de la loi du 24 février 1875 ayant perdu leur caractère constitutionnel, le gouvernement proposa une nouvelle loi sur l'organisation du Sénat et les élections des sénateurs [2]. C'est cette loi, promulguée le 10 décembre 1884, qui a étendu les bases élec-

1. Rapports de MM. Ferdinand Dreyfus à la Chambre des députés, Dauphin au Sénat et Gerville-Réache à l'Assemblée Nationale.
2. Rapports de MM. Demôle, au Sénat, et Léon Renault, à la Chambre des députés.

torales du Sénat, supprimé les sénateurs inamovibles dans l'avenir et interdit aux prétendants l'entrée de la haute assemblée. Extension des bases électorales et représentation proportionnelle, délégation communale proportionnelle au nombre des conseillers municipaux, parce qu'il était injuste d'accorder une part égale dans l'élection du Sénat à la commune de 100 habitants et à celle de 500.000, au conseil municipal nommé par 15 électeurs et à celui qui est élu de 1000, 10.000, 100.000 citoyens. — Suppression des inamovibles, parce que la démocratie ne saurait admettre un mandat politique viager auquel ne répond aucune responsabilité. — Inéligibilité des prétendants, parce que tolérer la présence des Bonapartes et des Bourbons sur le territoire d'où jadis ils se bannissaient les uns les autres, c'est déjà une générosité téméraire : leur ouvrir les portes des assemblées, ce serait une imprudence coupable. Qu'ont fait, à deux reprises, le premier et le dernier Napoléon de la magistrature suprême de la République ? Ils s'en sont servis pour établir leur dictature. Qu'ont fait du mandat de députés, que leur avait laissé M. Thiers, le duc d'Aumale et le prince de Joinville ? Ils n'en ont fait usage que pour renverser, au 24 mai, leur bienfaiteur, préparant ainsi la conspiration pour le rétablissement de la monarchie.

Le ministère Gambetta avait proposé d'inscrire dans la Constitution le principe de l'élection de la Chambre des Députés au scrutin de liste ; le ministère Ferry s'est contenté de faire adopter par le Parlement une proposition de loi ayant pour objet de substituer le scrutin de liste au scrutin d'arrondissement. Cette réforme électorale, qui avait rencontré autrefois de si nombreux et si redoutables obstacles, a été adoptée presque sans débat par des assemblées que l'expérience avait éclairées. Elles ont reconnu ce que Gambetta n'avait cessé de proclamer même au péril de sa popularité, que le scrutin de liste est la forme la plus élevée et la plus sincère du suffrage universel, qu'il rend impossible et la corruption électorale et la candidature officielle, que sans rompre entre les électeurs et l'élu les liens légitimes, il affranchit l'élu d'une intimité trop étroite pour en faire un véritable représentant du peuple, non plus un commissionnaire, enfin, qu'en libérant les députés de préoccupations mesquines, il élargit l'horizon de la Chambre tout entière et la rend ainsi plus apte à bien servir les intérêts de la République et de la Patrie[1].

III

Par l'œuvre du Congrès de Versailles et la loi du 10 décembre 1884, la question de la révision a été réglée, le terrain politique débarrassé d'un encombrant problème ; la tentative de la ligue révisionniste n'a-t-elle pas échoué sous l'indifférence ? La réforme des lois militaires, d'autre part, et la réforme judiciaire n'ont été qu'ébauchées.

« Tout français est soldat et se doit à la défense de la patrie, » tel est le principe que le législateur de 1872 a inscrit au frontispice de la loi sur le recrutement. Mais le législateur n'a-t-il pas dérogé trop souvent à la règle que lui-même avait posée ? Plus de trois cents députés, mandataires de plusieurs millions d'électeurs, sont arrivés à la chambre avec ce programme: Il faut que le principe du service obligatoire, comme autrefois la charte, devienne une vérité. Mais comment concilier avec les nécessités budgétaires l'incorporation du contingent tout entier pendant trois ans ? comment supprimer le volontariat et toutes les dispenses sans risquer de tarir le recrutement du corps enseignant et compromettre les hautes études ? comment réduire le

1 Le projet de loi sur les incompatibilités parlementaires a été retourné une seconde fois au Sénat.

service militaire de cinq années à trois, sans avoir au préalable assuré l'ossature de l'armée, — car, sinon, « vous auriez des troupeaux, vous n'auriez pas d'armées, » — et sans avoir organisé des troupes coloniales ? La commission qui étudiait ces problèmes a été désorganisée par la mort de Gambetta qui la présidait et c'est seulement *in extremis* que la Chambre a transmis au Sénat un projet d'ensemble[1]. La majorité républicaine a pensé avec des hommes qui ne sont pas des révolutionnaires, — avec le général Trochu que « le vrai soldat moderne est le soldat de trois ans, » — avec M. Victor Duruy « qu'il ne suffit pas de deux ou trois aunes de drap noir ou gris pour exempter un français du service militaire. » Mettre l'harmonie, qui est la justice, dans les dispositions qui ont été tardivement votées, ce sera l'œuvre du Sénat, qui est enfin saisi de la loi, et de la future Chambre.

Si la loi sur le recrutement n'a pas été achevée par le Parlement, en revanche des lois d'organisation, d'une importance considérable pour les armées de terre et de mer, ont été votées et promulguées depuis quatre ans : loi sur les écoles d'enfant de troupes, loi sur la formation de l'artillerie de forteresse[2], loi du 16 mars 1882 sur l'administration de l'armée[3], loi sur la protection du balisage dans les eaux maritimes, loi du 3 avril 1882 sur l'éclairage électrique des côtes et les signaux sonores ; loi sur la création de compagnées mixtes en Tunisie. La loi sur l'organisation de l'armée coloniale a été votée en seconde lecture par la Chambre, à la veille de sa séparation, et transmise au Sénat. Une loi du 21 décembre 1882 autorise les communes à s'imposer extra-

1. Projets et propositions de loi déposés par MM. Gambetta, le général Billot, le général Thibaudin, le général Campenon, le général Lewal ; rapports de MM. Ballue, Reille, etc.

2. Rapports de M. Margaine à la Chambre des députés ; et du général Farre, au Sénat.

3. Voici les trois principes essentiels de cette loi : 1° subordination de l'administration de l'armée au commandement ; 2° constitution d'un contrôle indépendant de la direction et de la gestion administrative ; 3° indépendance du service des hôpitaux. (Rapport de M. de Freycinet.)

ordinairement, à concurrence de trois centimes additionnels au principal des quatre contributions directes, à l'effet d'accorder des secours aux familles nécessiteuses des soldats de la réserve et de l'armée territoriale réunis sous les drapeaux.

IV

De la réforme judiciaire, telle que l'avait proposée le cabinet du 14 novembre 1881 [1], le Parlement n'a d'abord réalisé qu'un chapitre, la réforme du personnel. Qu'une révision générale des institutions judiciaires eût été préférable à cette réforme partielle, qu'une telle mesure eût été plus féconde, d'un caractère plus élevé, cela n'est point douteux et il est probable qu'une Chambre issue du scrutin de liste, moins prisonnière de ses origines, n'eut pas échoué dans cette entreprise. La loi du 30 août 1883 [2] a-t-elle été cependant juste, utile ? marque-t-elle un progrès ? Le seul défaut de cette loi est de n'être pas venue dix années plus tôt.

Remanier, vérifier, investir à nouveau la magistrature, c'est le droit incontestable de tout gouvernement qui s'installe. Il n'avait été contesté ni à l'Empire ni à la Royauté. Sous quel prétexte le refuser au Gouvernement qui est la forme nécessaire de la Révolution victorieuse, à la République issue de la libre volonté nationale ? La République se l'est reconnu. La magistrature, qui a charge de *dire droit* selon une ancienne et très belle formule, était pleine d'ennemis de la loi des Lois, la Constitution, et ces ennemis ne se contentaient pas de regretter en silence les gouvernements déchus à qui ils avaient

---

1. Projet de loi préparé par MM. Jules Cazot et Martin Feuillée.
2. Rapport de MM. Jules Roche, à la Chambre des députés, et Tenaille-Saligny, au Sénat

rendu tous les services : ils manifestaient publiquement de leur haine, criant : « Vive le Roi ! » dans des réunions légitimistes, éteignant à coups de canne les lampions de la fête du 14 juillet. « Je ne comprends pas, avait dit M. Ribot, qu'on reste investi d'une fonction, surtout de la fonction de juge, si l'on n'a pas reconnu dans le secret de sa conscience qu'on a la force de servir fidèlement les institutions dont on a la garde. » Ce que ces juges n'avaient pas compris d'eux-mêmes, la suspension temporaire de l'inamovibilité permit au garde des sceaux de le leur faire comprendre. Et, dès lors, l'inamovibilité est redevenue ce qu'elle avait été dans la pensée de ceux qui l'avaient établie. Elle n'est plus un abri et une arme pour les magistrats prévaricateurs et rebelles, une cause de suspicion contre la justice. Elle est la garantie essentielle du droit, le moyen de prévenir le retour des faveurs et des menaces du pouvoir contre les juges installés par lui, assis pour la vie, sauf le cas de forfaiture.

Des propositions diverses avaient été soumises à la Chambre qui tendaient les unes à l'amovibilité, les autres à l'élection des juges. Ces propositions ont été écartées. La majorité n'a voulu ni du juge qui, révocable à merci, n'eût été qu'un instrument entre les mains du Gouvernement, ni du juge qui, l'obligé de ses électeurs, n'eût été qu'un odieux instrument entre les mains des partis. Avec la magistrature élective, c'en était fait de l'unité de la justice française ; avec la magistrature amovible, la dignité de la justice n'eut plus été qu'un vain mot.

Réduire les cadres de la magistrature afin de pouvoir plus facilement en élever le niveau intellectuel, la loi du 30 août 1883 n'a pu qu'inaugurer cette réforme : le personnel a été réduit sans suppression de tribunaux ni de cours, et le nombre des classes diminué. Puis, le Parlement a abordé d'autres chapitres de la réorganisation judiciaire. La justice ne peut varier dans ses conditions essentielles : autrement elle ne serait plus la justice ; mais, dans une société démocratique, il ne suffit pas qu'elle soit impartiale, publique, égale à tous : il faut encore que, sans voyage coûteux, le juge soit voisin et la solution prompte.

Par conséquent, la procédure doit être extrêmement sim-
plifiée, le justiciable rapproché de la justice et les frais
de justice diminués. Le projet de loi *sur l'extension de la
compétence des juges de paix,* « cette magistrature fami-
lière et vraiment démocratique, » est consacré à ces réformes ; le rapport en est déposé, il figurera en tête de
l'ordre du jour de la prochaine chambre.

Deux lois du 24 novembre 1883 et du 10 décembre 1884
modifient, dans un sens très-libéral, l'organisation des conseils de Prud'hommes. La loi du 8 décembre 1883 [1] réta-
blit, pour la nomination des magistrats des tribunaux de
commerce, le principe de l'élection par le suffrage universel des commerçants ; le privilége des anciens notables
disparaît ; comme en 1790, comme en 1848, l'élargisse-
ment de la base électorale aura pour conséquence une autorité plus grande des tribunaux [2]. Enfin, une loi du 27
mars 1883 porte organisation de la juridiction française
en Tunisie : comme l'Autriche en Serbie et l'Angleterre à
Chypre, la République, dont la justice ne saurait être sus-
pecte à personne, avait pour devoir d'abroger dans le
pays musulman soumis à son protectorat le régime de
défiance qui est celui des capitulations [3].

<h2 style="text-align:center">V</h2>

Si la réforme judiciaire n'a été que commencée, la réforme pénale a été marquée par une loi d'une importance
considérable, la loi sur la relégation des récidivistes. De
toutes les mesures réclamées par la démocratie à ses der-

1. Rapport de M. Boysset, à la Chambre des députés, et Le Bas-
tard, au Sénat.

2. Une loi du 8 mars 1882, modifie utilement l'article 69, paragraphe
9, du Code de Procédure civile.

3. Le projet de loi sur leserment judiciaire a été retourné à la Chambre par le Sénat.

nières assises la plus impatiemment attendue était celle-
là : la sécurité, la salubrité publiques l'exigaient ; reve-
nant aux saines traditions des Assemblées de 92 et de
l'an II, la science pénitentiaire en avait démontré la nécessité et la justice[1]. Telle, à peu près, qu'elle avait été
préparée par le ministère Gambetta[2], la loi a été votée
par les Chambres, complétée ensuite, généreusement re-
liée à une plus large rénovation de notre système pénal
par le projet de loi pour prévenir les causes de la récidive.

C'est contre le crime-profession, contre le délit-métier
que la loi sur la relégation est dirigée. Depuis un demi-
siècle, la marée de la criminalité n'a cessé de monter
sans que les pouvoirs publics, ni sous la monarchie de
juillet ni sous le second Empire, aient eu la force de lui
opposer des digues. A tout prix, malgré l'étrange et inex-
plicable opposition de la réaction et de l'intransigeance, il
faut que la République arrête enfin ce flot débordant.
Les repris de justice, formant les deux tiers de l'armée
des malfaiteurs, commettent à eux seuls 80 % des délits
et 50 % des crimes, propagent autour d'eux une abomi-
nable corruption, recrutent l'enfance abandonnée et cré-
dule pour la dresser au vagabondage et au vice, dé-
bauchent les ouvriers jusqu'à la porte des ateliers. Contre
une pareille armée, un seul remède : la relégation perpétuelle dans les colonies. Sans la relégation perpétuelle,
obligatoire des récidivistes, « la loi pénale est un impasse[3]. »
Elle a cessé de l'être : Seront désormais relégués à vie,
après l'expiration de la peine principale, tous les malfaiteurs qui auront commis un nombre de crimes et de délits déterminés par la loi.

Purger la métropole d'un élément vicié et corrupteur,
prévenir de nouveaux attentats par l'éloignement des mal-

1. Voir notre livre *les Récidivistes*, 1 vol. chez Charpentier, novembre 1881.
2. Projet déposé à la Chambre le 16 février 1882. — Rapport de
MM. Gerville-Réache, à la Chambre des députés, et Verninac, au Sénat.
3. Lamartine.

faiteurs de profession, est le premier but de la loi de relégation. Mais ses auteurs ont encore l'ambition d'amender
l'état moral de ces natures perverties, de transformer
ces récidivistes, quand ils auront perdu tout espoir de
reprendre leur place dans l'armée du crime, en citoyens
utiles. Les convicts anglais, réhabilités par le travail, ont
conquis à la civilisation le vaste continent qui alimente
aujourd'hui de ses blés et de ses laines tous les marchés du
monde. Les relégués français pourront, à leur tour, si la
loi du travail leur est imposée avec intelligence, transformer en d'admirables colonies la Nouvelle-Calédonie, la
Guyane et la côte Nord-Ouest de Madagascar. « Vous
avez démérité de la vieille France, dit le législateur aux
malfaiteurs qu'il frappe ; je vous offre de créer, de l'autre
côté de l'Océan, une France nouvelle. »

A côté des mesures répressives, un ensemble de mesures préventives, très-humaines et très-sages : dans la
loi même, la suppression de la surveillance de la haute
police parce que cette peine accessoire, plus dure bien
souvent que la peine principale, engendre l'impossibilité
du travail qui engendre de nouveau le délit ; puis, dans
un projet distinct sur les moyens préventifs de com-
battre la récidive[1], la généralisation du système de la
libération provisoire pour les détenus repentants, afin
de doubler l'action du patronage, et l'organisation d'un
système d'aggravation progressive des peines en cas
de récidive, d'atténuation en cas de premier délit.
Enfin, surtout, la guerre toujours plus acharnée,
plus savante, contre la misère et l'ignorance, ces deux
causes les plus fécondes de la criminalité en tout pays.
C'est parmi les enfants délaissés ou moralement abandonnés que les chevronnés du vice recrutent leurs conscrits.
Il faut confier à la République, au département, à la commune la garde et l'éducation des mineurs que l'absence
ou l'indignité de leurs parents livre à la corruption et
au vagabondage. Pour que l'enfance malheureuse cesse
de devenir l'enfance coupable, l'autorité paternelle sera

---

1. Proposition de M. Bérenger, sénateur.

brisée par l'autorité publique, chaque fois qu'elle aura
déserté ou trahi sa mission. Quand la déchéance de l'autorité paternelle aura été ainsi prononcée, des comités
spéciaux, dans tous les départements, pourvoiront au
placement définitif des enfants abandonnés, à leur garde,
leur éducation, leur patronage et leur tutelle. Autant
d'enfants enlevés aux tentations de la rue et au racollage
des récidivistes, autant de Français de plus[1].

VI

La loi de salubrité publique sur les récidivistes n'est
pas la seule amélioration apportée par le Parlement à
notre législation criminelle et pénale. Pour assurer la propreté de la rue, les Chambres ont encore voté la loi du
2 août 1882 contre la répression des outrages aux bonnes
mœurs, commis « par la vente, l'offre, l'exposition, l'affichage ou la distribution gratuite sur la voie publique
ou dans les lieux publics, d'écrits, d'imprimés, (autre que
le livre,) d'affiches, dessins, gravures, peintures, emblèmes ou images obscènes. » Devant l'audace croissante
des pornographes[2], l'article 330 du Code Pénal est modifié à l'effet d'assimiler le délit d'outrage aux bonnes
mœurs au délit plus grave, plus durement frappé, d'outrage public à la pudeur.

Plusieurs projets d'une importance considérable et
d'un caractère élevé ont été transmis par le Sénat à la
Chambre et par la Chambre au Sénat, sans qu'un vote définitif ait pu être rendu avant la clôture de la dernière
session. Ces projets, mûrement étudiés, développés
dans de remarquables rapports, devront être mis en tête

1. Proposition de M. Théophile Roussel, sénateur.
2. Rapport de M. Dreyfus. — La monarchie de juillet s'était montrée très tolérante à leur égard. (Cf. Thureau-Dangin, histoire de la
monarchie de juillet.)

de l'ordre du jour de la prochaine législature. Nous citerons le projet de loi sur la réforme du Code d'instruction criminelle, le projet relatif aux manifestations sur la voie publique, les propositions sur la surveillance et l'assainissement des logements insalubres et sur la suppression de la publicité des exécutions capitales, le projet sur a réforme des prisons de courtes peines.

VII

La législature de 1881 a réalisé dans notre droit pénal des réformes importantes : elle n'a pas réalisé moins de progrès dans le droit civil. Est-ce une œuvre vulgaire que d'avoir rétabli le divorce, d'avoir par la loi du 27 juillet 1884 effacé la loi du 8 mai 1816 qui, sans profit pour la sainteté du mariage, condamnait souvent à un double adultère les époux séparés et donnait aux enfants le lamentable spectacle de l'immoralité de leurs parents? La Révolution et Napoléon, constituant la société civile, avaient inscrit le divorce dans le Code; la Restauration, sous la pression des parties théocratiques, n'avait pas eu de soin plus pressant que de proclamer à nouveau l'indissolubilité du contrat de mariage. Après plus d'un demi-siècle de vains efforts, de batailles perdues, de travaux de Sisyphe, est-ce une victoire médiocre que d'avoir enfin, de haute lutte, emporté le retour au titre vi du Code ? Où quinze législatures avaient échoué, celle de 1881 a réussi. Sans doute, elle a bénéficié de tous les efforts d'illustres devanciers. A elle n'en revient pas moins l'honneur d'avoir signé la loi [1].

1. Proposition de M. Naquet, rapports de MM. de Marcère, à la Chambre des députés, et Émile Labiche, au Sénat.

« Rétablir le divorce, avait dit l'évêque d'Angers (comme si le divorce dût être obligatoire), ce n'est pas observer la neutralité religieuse. » M. Léon Renault lui avait répondu avec une grande force d'éloquence : « Entre nous, partisans du divorce. et vous partisans de la séparation de corps, quel est le dissentiment? A nos yeux, à nous, le mariage est chose tellement sacrée, que le jour où il ne correspond plus à aucune réalité, où il n'existe plus qu'à l'état d'apparence, où il n'est plus qu'une sorte de sépulcre blanchi, pour employer l'expression des livres saints, nous l'aimons mieux détruit par le divorce qu'avili par la séparation de corps. » D'ailleurs, pour que la liberté de toutes les consciences soit respectée, la séparation de corps est maintenue à côté du divorce et, pour empêcher le relâchement des liens du mariage, le divorce par consentement mutuel demeure abrogé.

Le divorce n'est pas un bien ; c'est simplement un mal moindre qu'un mauvais mariage indissoluble. Moins hypocrite que la jurisprudence ecclésiastique qui reconnaît jusqu'à 17 cas de nullité de mariage, plus équitable que la loi de 1876 qui brise deux vies pour ne pas rompre un lien qui est devenu une chaîne, la loi du 27 juillet 1884 se justifie par les considérations morales et sociales, les plus élevées. Qui pourrait prétendre aussi bien que la dignité du mariage, depuis le rétablissement du divorce, se soit trouvée compromise ou diminuée ?

Le vote de la loi qui a rétabli le divorce, a été précédé de bruyantes discussions ; d'autres lois, qui modifient ou complètent le Code Civil, ont été promulguées après des débats moins éclatants. Elles ne méritent pas moins d'être rappelées : loi du 14 février 1882 relative aux droits des enfants nés en France d'un père étranger naturalisé après leur naissance ; loi du 23 mars 1882, qui était réclamée depuis trente ans, sur la constitution d'un état civil régulier pour tout indigène habitant l'Algérie ; loi du 5 janvier 1883 sur la responsabilité des locataires en cas d'incendie, modifiant l'article 1739 du Code ; loi du 28 juin 1883 relative aux enfants mineurs nés en France d'une femme française mariée à un étranger. Une commission extra parlementaire a été chargée de préparer un projet pour la modification du Code de Procédure civile.

VIII

Au chapitre des rapports des Églises et de l'Etat, nous trouvons de nombreuses mesures, étapes nouvelles dans la politique anti-cléricale qui n'est pas la politique anti-religieuse. La Société laïque, représentée par l'Etat, reprend les droits dont la monarchie de 1815 et la réaction de 1849 avaient permis qu'elle fût frustrée. L'Eglise doit renoncer à l'autorité factice qu'elle avait prise, et va se trouver ramenée à ce qu'elle avait elle-même, il y a quatre-vingts ans, considéré comme nécessaire et suffisant à l'exercice de sa liberté.

La loi du 14 novembre 1881 abroge l'article 15 du décret du 28 prairial an XII sur les cimetières, fait retour à la législation de l'an II et rend ainsi au cimetière son caractère communal [1]. Depuis plusieurs années, des luttes violentes, brutales, avaient souvent éclaté jusqu'au bord de la tombe entre les représentants du culte et les membres de la famille; parce que le cimetière avait été béni selon le rite catholique, la sépulture avait été refusée à des protestants, à des juifs, à des libres-penseurs morts sans sacrement; pour satisfaire un fanatisme odieux, les cercueils maudits avaient été repoussés dans la partie du cimetière réservée aux suicidés et aux suppliciés. Désormais, l'égalité est rétablie dans le champ du dernier repos. Désormais, sans distinction entre les confessions religieuses, le cimetière tout entier est ouvert à tous ceux qui meurent dans la commune.

1. Proposition de MM. Rameau, Journault et Albert Joly, déposée pendant la précédente législation.

Le projet sur la liberté des funérailles est conçu dans
le même esprit. Une intolérance injurieuse a distingué
pendant trop longtemps, au point de vue des honneurs
funèbres, entre les enterrements civils et les enterrements
religieux. Quelques soient les doctrines politiques, philo-
sophiques, sociales ou religieuses du mort, quelque soit
le caractère de ses funérailles, toutes les dispositions
relatives aux honneurs funèbres devront être attri-
buées, sans distinction, aux personnes visées par le décret du 24 messidor an XII. Désormais encore, tout ma-
jeur ou mineur émancipé, en état de tester, aura le droit
de régler, comme il l'entendra, les conditions religieuses
ou civiles de ses obsèques. Le projet, modifié par le Sénat, a été retourné à la Chambre.

Le Sénat est en outre saisi du projet, voté par la Chambre, sur l'attribution aux communes du monopole des
pompes funèbres. La loi municipale règle la question de
la sonnerie des cloches. — Au budget, les bourses des
séminaires ont été supprimées et des réductions ont été
opérées, conformément au texte strict du Concordat, sur
plusieurs traitements.

IX

La législature de 1881 n'a pas fondé la liberté municipale : elle l'a organisée, complétée et codifiée. Ce que
l'assemblée nationale et les deux législatures suivantes
n'avaient pu réaliser, la Chambre 'es Députés et le Sénat
l'ont mené à bonne fin par la loi du 5 avril 1884. Cette
loi est un véritable Code des libertés communales. On
peut y signaler des imperfections. L'avoir votée n'en
est pas moins, pour le gouvernement de la République
et pour le Parlement, un titre d'honneur.

Avant de voter la loi du 5 avril 1884, la Chambre avait déjà à deux reprises, par l'adoption des lois du 28 mars et du 5 avril 1882, donné des preuves certaines de son attachement aux franchises des communes. Par la loi du 5 avril[1] avaient été abrogées, dans les communes ayant moins de cent mille francs de revenus, « les diverses dispositions exigeant l'adjonction des plus imposés, soit en matière d'impositions extraordinaires ou d'emprunt à voter par le conseil municipal, soit en toutes autres matières » ; ce vieil usage avait été considéré à bon droit comme un privilège incompatible avec le suffrage universel. Par la loi du 28 mars, le droit d'élire leurs maires et adjoints avait été rendu aux conseils municipaux des chefs-lieux de département, (Paris excepté), d'arrondissement et de canton[2]. Si cette dernière loi n'a pas été promulguée au moment opportun, le principe n'en est pas moins juste, et le code municipal du 5 avril 1884 l'a consacré avec raison[3].

Ce Code, qui n'était attendu que depuis un demi siècle, a un double mérite : il maintient au-dessus de toute atteinte, de tout relâchement, « les liens qui rattachent toutes les parties du territoire français au centre du pays, c'est-à-dire à l'État qui est tout le monde »[4] ; puis une fois ces droits essentiels consacrés, il développe aussi largement que possible la liberté municipale. Avec la décentralisation administrative se trouve ainsi combinée, dans une parfaite harmonie, la centralité politique.

La loi du 5 avril 1884, qui compte 168 articles, se divise en sept chapitres ; elle ne s'applique pas à Paris. Voici les principaux progrès qu'elle réalise :

Les formations de communes sont facilitées, ce qui

1. Rapports de MM. de Marcère, à la Chambre des députés, et Labiche, au Sénat.
2. Projet présenté par M. René Goblet.
3. Rapports de MM. Ferdinand Dreyfus, à la Chambre des députés, et Demôle, au Sénat.
4. Gambetta, discours du 18 août 1881.

importe fort dans un pays où sur 36000 communes, 27000 comptent moins de mille habitants ;

Le mandat municipal est porté à quatre années, et le renouvellement intégral assure l'exécution des volontés de la commune ;

Le sectionnement pour les élections est soustrait de tout arbitraire ;

Les droits du suffrage universel sont rétablis dans leur intégrité par la suppression des deux listes ; la suspension et la dissolution des corps municipaux sont entourés des garanties les plus efficaces ; le délai de suspension est réduit à un mois ; les décrets de dissolution doivent être motivés ; les pouvoirs des délégations spéciales sont limités ;

Les maires et adjoints sont élus par les conseils municipaux dans toutes les communes ; la réunion des conseils en session extraordinaire est facilitée ; les séances des conseils municipaux sont publiques ;

Des commissions spéciales émanant des conseils municipaux peuvent fonctionner dans l'intervalle des sessions et étudier les questions municipales ;

Les fonctions municipales, bien que gratuites, donnent droit au remboursement des frais nécessités par l'exécution des mandats spéciaux ; des indemnités pour frais de représentation peuvent être votées aux maires ;

Les conseils municipaux ont, en principe, le droit de décision souveraine sur les affaires de la commune ; l'autorité supérieure n'intervient plus qu'exceptionnellement ;

Les attributions des maires et des adjoints sont étendues ; cependant le maire n'a pas exclusivement l'initiative des mesures de police et le préfet peut se substituer à lui sous certaines conditions ;

Les rapports du maire et du curé, quant aux cloches des églises et quant à la clef du clocher ou de l'église, sont soumis à des règles particulières ;

La responsabilité des communes, en cas d'attroupement, est tempérée ;

Les communes peuvent constituer des conférences pour délibérer sur les intérêts communs ;

Les rapports des conseils municipaux et des fabriques sont améliorés, et la commune reprend la libre disposition des deniers qu'elle devait jusqu'alors consacrer aux cultes reconnus par l'État.

X

La loi du 28 mars 1882 a complété la législation républicaine sur l'enseignement primaire. La loi du 16 juin 1881, votée par la précédente législature, avait établi la gratuité. L'obligation de l'instruction et la laïcité du programme ont été imposés par la loi du 28 mars 1882. *Instruction primaire gratuite, obligatoire et laïque*, c'est par ces deux lois que ce triple principe a définitivement triomphé.

Assurément, — et personne ne le conteste, — le grand effort, la grande bataille datent des années précédentes : sous l'Empire, quand Jean Macé forme *la ligue de l'Enseignement*; au lendemain de l'Année Terrible, lorsqu'éclate dans tout le pays républicain le cri de salut : « Des écoles ! des écoles ! » dans les chambres de 1877 et 1878, quand par son courage et sa tenacité, M. Jules Ferry mérite d'attacher son nom à ces belles réformes. Mais gagner la bataille n'est pas tout ; il faut encore rédiger, signer le traité qui en consacre les résultats. Les législateurs de 1882 ont signé le traité, ayant eu d'ailleurs à lutter jusqu'au bout. La réaction cléricale, en effet, soutenue par le centre gauche dissident, a disputé chaque pouce de terrain : sur chaque article, sur chaque paragraphe, le duc de Broglie, M. de Parieu, M. Jules Simon, ont jusqu'à la dernière minute, déposé des amendements, porté des protestations à la tribune. Quel plus éclatant hommage à l'efficacité de la loi qu'une telle opposition!

L'instruction primaire obligatoire pour les enfants des deux sexes de six ans à treize ans révolus, — un programme, mûrement étudié, dont l'instruction morale et civique est le premier article, — la maison d'école sécularisée en même temps que l'enseignement, — le droit d'inspection, de surveillance et de direction dans les écoles et les salles d'asile enlevé au prêtre qui, en revanche, aura seul le droit de donner, mais dans l'Église ou dans le temple, l'enseignemnnt religieux, — l'institution de commissions municipales scolaires pour surveiller et encourager dans chaque commune la surveillance des écoles, — les parents et tuteurs rendus responsables de la fréquentation régulière des écoles par leurs enfants ou pupilles, — l'établissement d'une caisse des écoles dans toutes les communes, — telles sont les principales dispositions de la loi du 28 mars 1882 [1], et cette loi, selon les propres termes d'un écrivain réactionnaire, « a été un événement capital dans l'histoire du siècle. »

D'autres lois, conçues dans le même esprit, assurant le développement de l'instruction à tous les degrés, ont été encore votées ou préparées par la législature de 1881 : la loi du 20 mars 1883 crée les écoles de hameau et augmente à cet effet, d'une somme de 120 millions, le fonds de dotation de la caisse des lycées, collèges et écoles [2] ; — le projet sur l'organisation de l'enseignement primaire codifie les réformes introduites par les Chambres dans l'enseignement, prescrit la sécularisation, à brève échéance, du personnel enseignant dans les écoles publiques, interdit aux instituteurs de remplir des fonctions auxiliaires dans l'église et maintient aux préfets la nomination des instituteurs et institutrices laïques ; — la propo-

---

1. C'est un décret du 6 juillet 1882 qui a créé l'instruction militaire dans les écoles primaires et dans les lycées et collèges.

2. Projet de loi présenté par M. Jules Ferry ; rapports de MM. Paul Bert, à la Chambre des députés, et Ribière, au Sénat.

sition, votée par la Chambre, sur les conditions d'exercice de l'enseignement secondaire libre exige, des professeurs de l'enseignement secondaire privé, les garanties indispensables, (un stage de cinq ans et le grade de bachelier,) et impose aux chefs d'institution un examen de pédagogie. Les lettres d'obédience ont disparu de l'enseignement primaire : pourquoi laisser subsister, dans l'enseignement secondaire, le droit à l'ignorance ?

Les bâtiments de l'Ecole Normale et de l'Ecole des Beaux-Arts ont été agrandis. Les arts de l'industrie n'ont pas été moins encouragés, même après la suppression du ministère spécial créé par Gambetta, que les Beaux-Arts proprement dit. (Ecole d'horlogerie de Cluses, de chaudronnerie de Nevers, etc.) Au budget, le Parlement a continué au développement de l'instruction publique des crédits supérieurs de cent millions à ceux de l'Empire.

XI

La Restauration avait ajouté aux Codes préparés par la première République et promulgués par le premier Empire le Code forestier du 21 mai 1827 ; la troisième République aura l'honneur d'avoir, par le Code rural, achevé ce vaste monument. Depuis la loi des 28 septembre et 6 octobre 1791, « ce catéchisme des populations, disait le rapporteur Heurtaut, qui devait faire plus que les constitutions pour la tranquillité des champs », sept gouvernements et plus de quarante assemblées s'étaient transmis l'héritage, toujours délaissé, du Code rural. Cet héritage a été enfin recueilli. Par la loi du 20 août 1881, qui en promulgua le titre V, les assises du nouveau Code avaient été solidement établies. Les travaux, malgré la surcharge des ordres du jour, ont été régulièrement poursuivis. Les titres II à VIII ont été votés par le Sénat ; les titres VII et VIII (police sanitaire des animaux, vices rédhibitoires dans les ventes et échanges,) ont été promulgués. L'ensemble du Code est assez avancé dans toutes ses parties pour que son achèvement par la prochaine législature soit assuré. Au développement de l'agriculture, au respect de ses droits et de ses instérêts, le Code rural doit être ce que le Code Civil est à la bonne organisation de la famille et à la société.

Aussi bien, et l'histoire en témoignera, jamais, depuis un siècle, les Assemblées et les gouvernements ne se sont occupés de la situation de l'agriculture française avec autant de sollicitude et d'ardeur que le Parlement actuel et le gouvernement de la République. — Dès le début, le décret du 14 novembre 1881 par lequel Gambetta crée un ministère spécial de l'agriculture, le ministère des paysans, dont il défendra en ces termes, contre d'insidieuses attaques, l'heureuse institution : « Voyons, messieurs, est-ce que c'est dans ce pays, avec ces vingt millions de population qui touchent à la terre et en vivent, est-ce dans ce pays que vous pourrez dénier à cette industrie nationale par excellence, qui fait le fond de la fortune et de la réserve de la France, sa supériorité toujours vivante et revivante à travers toutes les douloureuses péripéties de l'histoire ? Est-ce dans ce pays que vous pourrez dire qu'en constituant un département ministériel uniquement couvert par le beau nom de l'agriculture, on a fait une œuvre oiseuse, stérile, passagère, et qui ne répond pas aux besoins mêmes de la nation ? » — Puis, toute cette nombreuse série de mesures, (lois et décrets,) dont chacune constitue un progrès manifeste, une amélioration certaine, un utile encouragement : loi sur la restauration et la conservation des terrains en montagne (mise en défense et réglementation des pâturages communaux[1] ;) — loi du 23 novembre 1883 portant modification de l'article 105 du Code forestier relatif au partage des bois d'af-

---

1. Rapports de MM. Durand, à la Chambre des députés, et Barbey, au Sénat.

fouage [1] ; — loi relative à la surveillance des étalons ; — loi contre l'invasion et la propagande du phylloxera en Algérie ; — décrets constituant un conseil supérieur de l'agriculture et instituant l'ordre du mérite agricole ; — pour soulager la petite propriété écrasée par ler frais de justice, loi qui supprime tous les droits du Trésor pour les ventes judiciaires au-dessous de 2.000 francs, (l'une des lois les plus utiles votées par le Parlement [2],) — pour corriger les effets de la division infinitésimale du sol et faciliter la transmission de la terre, loi sur les échanges d'immeubles ruraux parcellaires qui seront enregistrés sans frais ; — secours et subsides accordés aux comices, à l'enseignement primaire de l'agriculture ; — loi relative à la destruction des loups ; — propositions et projets déjà votés et étudiés dans l'une ou l'autre Chambre, sur la répression des fraudes commises dans les engrais, l'organisation de l'assurance agricole, le régime des eaux, le crédit agricole mobilier, la suppression des permis de chasse et la répression du braconnage, le drainage, la pe-

---

1. Rapports de MM. Maigne, à la Chambre des députés, et Michel, au Sénat.

2. Projet de M. Cazot, rapport de MM. Rameau, à la Chambre des députés, et Marcel Barthe, au Sénat. — Nous lisons, à ce sujet, dans l'Annuaire de la Législation française : « La loi du 23 octobre 1881 a eu pour but de faciliter la transmission de la petite propriété en diminuant les frais de justice (droits dûs au Trésor et rémunération des officiers ministériels, ou agents de la loi), tout en maintenant les formalités établies par le Code de procédure dans l'intérêt des mineurs et des incapables. C'est une loi de dégrèvement.

« Il résulte des travaux de statistique faits en 1880, que le nombre des cotes foncières était à cette époque de 11,261,338 ; sur ce chiffre il y en a 7,320,778 inférieures à 5 francs et 2,190,010 de 5 à 10 francs.

« Les deux dernières catégories forment un total de 9,510,818 cotes, c'est-à-dire plus des deux tiers de la totalité.

« C'e-t ce qui faisait dire à M. Marcel Barthe, rapporteur de la loi au Sénat, *que le projet très modeste en apparence touchait aux intérêts les plus nombreux et les plus considérables.* » (*Journal officiel* du 25 mars 1884.)

La loi du 23 octobre supprime tous les droits du Trésor pour les ventes ne dépassant pas 2000 francs ; elle réduit d'un quart pour toutes les ventes n'excédant pas la somme de 1000 francs, les émoluments des agents de la loi.

tite voierie dans les forêts de l'État, la destruction des insectes, les chambres consultatives d'agriculture, le dommage causé aux récoltes par le gibier qui se réfugie dans les bois ; — enfin, les deux grandes réformes du régime de l'industrie sucrière et des tarifs de douanes agricoles. Sur le régime des sucres, la loi du 29 juillet 1884 « protège l'industrie sucrière et l'agriculture contre la concurrence étrangère par le déchargement de la base des taxes intérieures (droit sur la betterave) et le relèvement des droits de douane. » Par les deux lois du mois de mars 1885 portant modification du tarif général des douanes, les céréales et les bestiaux ont été frappés des surtaxes suivantes : Froment 3 francs les 100 kilog., farines 6 francs, avoine, seigle et orge en grain, 1 fr 50, malt, 1 fr. 40, — bœufs, 25 francs par tête, vaches et taureaux, 12 francs, génisses, 8 francs, veaux, 4 francs, moutons 3 francs, agneaux, 1 franc, porcs 6 francs.(Projets de lois déposés parM. Méline, ministre de l'agriculture dans le cabinet Ferry.)

Ainsi, d'une part, défense de la première des industries nationales contre la concurrence étrangère, surtaxe qui est un encouragement et un soulagement, le moyen d'attendre et de préparer les temps meilleurs ; et d'autre part, un vaste ensemble de mesures législatives et réglementaires, pour que l'agriculture se transforme, renonce aux routines et tire profit à son tour de ces leviers nouveaux : esprit d'association, crédit, enseignement professionnel, qui devront réaliser pour elle, comme ils l'ont fait pour les autres industries, d'admirables progrès.

XII

Venir en aide à l'agriculture par des surtaxes sur les céréales et les bestiaux, remplacer par une politique douanière devenue indispensable la politique des dégrèvements devenue momentanément impossible, cela n'implique pas la substitution génér le d'un régime de protection au ré- gime du libre échange. Entre le système qu'avait inau- guré le brutal coup d'Etat économique du second Em- pire et les exagérations prônées par les partis hostiles à la République dans un intérêt de réclame électorale, il existe un juste milieu qui consiste à défendre le travail national sans provoquer une hausse dangereuse sur le prix des den- réesde première nécessité, le pain et la viande. C'est à cette *moyenne* que la législature de 1881 s'est arrêtée, comme on l'a vu, ne pensant pas d'ailleurs, et avec raison, que la voie des traités de commerce dût être partout abandon- née. Chaque fois que nos industriels sont assez bien ou- tillés, assez habiles, assez entreprenants pour que la po- litique commerciale puisse être celle de la liberté, c'est à la liberté qu'il faut demander des stimulants et une pros- périté nouvelle. Le gouvernement de la République a dû rompre ainsi les négociations entamées avec les Pays-Bas et l'Angleterre ; il a pu, au contraire, sur les bases du tarif général du 7 mai 1881, conclure des conventions avec l'Autriche-Hongrie, la Belgique, l'Espagne, l'Italie, le Portugal, la Suède, la Norvège et la Suisse.

Des conventions postales et télégraphiques, ainsi que des traités de navigation et des conventions pour la ga- rantie réciproque de la propriéré littéraire, artistique et industrielle, ont été conclues avec un grand nombre de pays amis, Suisse, Belgique, Italie, Suède, Espagne, Autri- che, Brésil, etc. Une loi du 20 décembre 1884 a approuvé la convention pour la protection internationale des câbles sous-marins.

Dans un ordre d'idées différent, il faut citer sous cette ru- brique la loi du 25 janvier 1884 tendant à la création d'une quatrième liste pour les objets d'or et d'argent destinés à l'exportation. Le droit commercial s'est enrichi d'une ex- cellente loi sur l'hypothèque maritime (10 décembre 1884); d'assez nombreux projets, qu'il dépendra de la prochaine législature de faire aboutir, ont été mis à l'étude par l'une et l'autre Chambre et déjà discutés. (Projets de loi tendant à réviser le livre II du Code de commerce, à modifier la loi du 22 frimaire an VII sur les droits de succession, propositions sur la liberté du taux de l'intérêt en matière de commerce, sur les concordats amiables, sur les sociétés et la négociaion des valeurs mobilières). La loi du 26 mars 1885 a renouvelé la législation des marchés à terme.

XIII

La législature de 1881 a clos provisoirement, après quatre années, la période des grands travaux publics aux frais de l'État. Après avoir creusé 1481 kilomètres de canaux, augmenté de 130.000 kilomètres le réseau des chemins vicinaux et de 12.282 kilomètres celui des chemins de fer, la République pouvait-elle, pour ménager ses finances, alors qu'une crise économique sévissait sur toute l'Europe, marquer un temps d'arrêt dans ces travaux? Elle le devait. Marquer ce temps d'arrêt était-ce en effet présenter un *mea culpa*, regretter la vaste entreprise qui avait été la pensée commune de M. de Freycinet et de Gambetta, qui avait renouvelé notre viabilité, répandu des centaines de millions dans la circulation et donné le travail à des milliers d'ouvriers? En aucune façon. Si le plan primitif avait été sans doute exagéré et parfois déformé par l'action des intérêts locaux, d'autre part l'œuvre en elle-même n'en restait pas moins un titre d'honneur pour la République; non seulement, elle avait pendant plusieurs années multiplié le travail à l'infini sur tous les points du territoire, mais elle demeurait évidemment pour l'avenir une source intarissable d'activité et de progrès; avoir développé le réseau de nos voies ferrées, amélioré nos ports, mul-

tiplié nos canaux, rendu navigable plus de 1200 kilomètres de rivières, ce n'était pas des résultats dont le gouvernement ou le Parlement eussent à rougir. Pour utile
et féconde cependant qu'eût été cette entreprise, la
discussion du budget extraordinaire de 1883 avait démontré que la situation financière ne permettait pas de
continuer, du moins au compte de l'État et à coup d'em-
prunts, les plans Freycinet avec les additions du scrutin d'arrondissement ; et dès lors la nécessité des lois de
novembre 1883, des conventions avec les grandes
Compagnies. Ces lois avaient un double but : d'abord,
assurer l'exécution du troisième réseau en répartissant
environ 10.000 kilomètres de lignes entre les six compagnies et le réseau du chemin de fer de l'État ; — en second lieu, organiser un mécanisme financier qui, mettant les ressources des compagnies au service du trésor
et la garantie de l'État au service des compagnies, permit d'achever aussi promptement que possible les travaux commencés dans un intérêt économique ou straté-
gique et de supporter les déficits de l'exploitation des
nouvelles lignes. Or, ce double but a été certainement
atteint : les compagnies ont poursuivi les travaux, le
grand livre de dettes a été fermé au chapitre des réseaux
ferrés et le budget extraordinaire qui était de 529 millions en 1883 a été ramené, pour 1884, au chiffre de 257
millions, soit une différence de 272 millions de francs.

. L'accord avec les Compagnies a été l'acte principal du
ministère des travaux publics pendant les quatre dernières années ; il n'a pas été la seule mesure législative,
émanée de ce département, qui ait été ratifiée par les
Chambres. Des crédits ont été encore votés pour des œu-
vres d'une utilité de premier ordre, pour le développement et l'amélioration des routes nationales et chemins
vicinaux, pour la construction des canaux de navigation
du Nord sur Paris [1] et de l'Escaut à la Meuse. La Chambre a approuvé les propositions qui règlent les rap-

1. Ce canal serait destiné à faire partie, dans l'avenir, d'une grande
ligne navigable qui relierait la mer du Nord à la Méditerranée.

ports des Compagnies de chemin de fer avec leurs agents commissionnés, assurant ceux-ci contre les caprices dont ils avaient été trop souvent les victimes ; le Sénat est saisi de ce projet.

Au ministère des postes et télégraphes, nombre de créa-tions pratiques et utiles : enveloppes et bandes timbrées, bons de poste de sommes fixes. Divers proje's de lois ont réorganisé les services maritimes postaux, réglé les con-cessions des réseaux télégraphiques. Le réseau a été étendu dans tous les départements, le service partout amélioré, le traitement des agents élevé, l'hôtel des Postes reconstruit.

XIV

Les lois de finances, les budgets de 1883, 1884, 1885 et 1886 n'entrent pas dans le cadre de cette étude ; notre ta-bleau de l'œuvre législative de nos assemblées républi-caines depuis quatre années ne saurait être un résumé ni de notre histoire financière, ni de notre histoire diplomati-que. Ces questions, aussi bien, ont été traitées ailleurs avec une haute compétence et les faits, après les élo-quents discours de M. Jules Roche, ont détruit toutes les calomnies. « Jamais, disaient depuis six mois la réac-tion et l'intransigeance, le budget de 1886 ne pourra être établi sans nouveaux impôts. » Or, il l'a été, et avec la suppression de l'impôt sur le papier. « La République, disaient encore les ennemis de la Constitution, peut dé-penser ; elle est incapable de réaliser des économies. » Or, la loi du 27 avril 1883 qui a converti les titres de rente 5 o/o en titres 4 1/2 o/o a réalisé pour le Trésor une économie annuelle de 32.846.204 millions de francs. L'unification de la dette en 3 o/o, qui avait été l'âme du plan financier de M. Gambetta, aurait produit une économie encore plus considérable, 50 à 60 millions que le ministère du 14 novembre avait eu le projet de consacrer au dégrèvement de l'agriculture.

XV

« Il n'y a pas de remède social, parce qu'il n'y a pas *une question sociale*. Il y a une série de problèmes à résoudre, de difficultés à vaincre, variant avec les lieux, les climats, les latitudes, l'état sanitaire, problèmes économiques qui changent dans l'intérieur d'un même pays, qui doivent être résolus un à un et non pas une formule unique. C'est par le travail, par l'étude, par l'association, par l'effort toujours constant d'un gouvernement d'honnêtes gens, que les peuples sont conduits à l'émancipation. Il n'y a pas de panacée sociale, il y a tous les jours un progrès à faire [1]... »

Sur la solution des problèmes politiques, la législature de 1881 s'est souvent — trop souvent — écartée du programme tracé par Gambetta : dans l'étude des problèmes sociaux, elle s'est au contraire inspirée constamment du discours du Hâvre. C'est la partie la plus considérable de son œuvre, celle qui mérite les plus grands éloges, celle à qui paraît acquise la plus longue durée.

La commission de 44 membres nommée, sur la proposition de M. Clémenceau, pour faire un rapport sur la situation des ouvriers de l'industrie et de l'agriculture, a tenu de nombreuses séances, entendu de nombreux déposants et publié de nombreux fascicules. Il est permis de croire qu'en faisant sienne la proposition sur la création des syndicats professionnels, qu'en emportant de haute lutte la loi du 21 mars 1884, M. Waldeck-Rousseau

---

1. Discours prononcé au Hâvre le 18 avril 1872.

a rendu aux travailleurs un service plus signalé[1]. M. Tolain a dit de cette loi : « C'est le premier acte fait, depuis un siècle, par la société française pour l'émancipation des travailleurs, c'est la charte qui a déclaré majeurs les salariés[2] ». Et cet ouvrier d'hier, aujourd'hui sénateur, a dit vrai. En droit, en fait, les travailleurs sont émancipés. L'agriculture, comme les autres industries, pourra tirer de cette loi un grand profit pour le groupement de ses intérêts.

Développer parmi les salariés l'esprit d'association, parce que l'association des individus suivant leurs affinités professionnelles est moins une arme de combat qu'un instrument de progrès matériel, moral et intellectuel, tel est l'objet de la loi du 21 mars :

1º Les syndicats professionnels, ayant exclusivement pour objet l'étude et la défense des intérêts économiques, industriels, commerciaux et agricoles, peuvent se constituer librement. La loi ne distingue pas entre les associations même de plus de vingt personnes exerçant la même profession, des métiers similaires et des professions connexes concourant à l'établissement de produits déterminés : tous les syndicats peuvent se constituer sans l'autorisation du Gouvernement. Une simple formalité est obligatoire : les fondateurs de tout syndicat professionnel devront déposer les statuts et les noms de ceux qui, à un titre quelconque, seront chargés de l'administration et de la direction.

2º Les syndicats professionnels reçoivent la personnalité civile ; syndicats de patrons et syndicats d'ouvriers, les uns et les autres auront le droit d'ester en justice. S'ils ne peuvent acquérir d'autres immeubles que ceux qui sont nécessaires à leurs réunions, à leurs bibliothèques et à leurs cours, ils peuvent, sans autorisation, constituer entre leurs membres des caisses spéciales de secours mutuels et de retraite ; ils peuvent encore li-

---

1. Rapports de MM. Allain-Targé, à la Chambre des députés, et Tolain, au Sénat.
2. Préface aux Commentaires sur la loi du 21 mars par MM. Ledru et Worms.

brement créer et administrer des offices de renseignements pour les offres et les demandes de travail.

Enfin, l'Etat ne se contente pas de permettre la création de syndicats professionnels ; il l'encourage, il s'impose la noble tâche « de favoriser l'essor de l'esprit d'association, de le stimuler, de faciliter l'usage d'une loi de
liberté, d'en rendre la pratique aisée, d'aplanir sur la
route des difficultés qui ne sauraient manquer de naître
de l'inexpérience et du défaut d'habitude de cette liberté. »
(circulaire de M. Waldeck-Rousseau, ministère de l'intérieur, en date du 25 août 1884.) « Il faut, disait l'élo-
quent défenseur de la loi dans cette circulaire aux préfets,
il faut que l'on sache que les syndicats professionnels
ont toutes les sympathies de l'administration, et que les
fondateurs sont sûrs de trouver auprès de vous les
renseignements qu'ils auraient à demander. »

La loi du 21 mars 1884 est la *magna charta* des travailleurs ; elle n'est pas la seule loi d'émancipation et de
protection qui ait été réalisée ou mise à l'étude depuis
quatre ans. La loi du 9 septembre 1848 sur la durée des
journées de travail est une loi excellente ; elle n'est appli-
quée, après avoir été audacieusement méconnue, que
depuis la loi du 16 février 1883, qui en confie la surveillance aux commissions locales et aux inspecteurs du
travail des enfants dans les manufactures. — Deux lois
spéciales (24 novembre 1883, 8 décembre 1884) modifient dans un esprit libéral la législation sur les conseils
des prud'hommes. — Un projet, voté par la Chambre,
transmis au Sénat, rend facultatifs les livrets d'ouvriers,
qui étaient obligatoires. — Le projet sur la *responsabilité
des accidents*, dont les ouvriers sont victimes dans leur
travail, déplace la charge de la preuve, toutes les fois qu'un
accident se produit dans les usines, manufactures ou éta-
blissements quelconques où il est fait usage d'un outillage
à moteur mécanique : c'est le chef de l'entreprise qui est
présumé responsable. — Cette loi, présentée par M. Rou-
vier à la veille de la chute du cabinet Ferry, organise un
véritable système d'assurances pour les travailleurs.

Les mineurs réclamaient depuis longtemps des prudhommes et des délégués : la loi sur les prudhommes a été votée et la proposition relative aux délégués, adoptée par la Chambre, est l'objet d'un rapport favorable au Sénat. — L'enseignement manuel, technique et professionnel a été organisé et réglementé. — L'excellente loi sur les sociétés de secours mutuels [1], votée par la Chambre, a été discutée une première fois par la haute assemblée. — Enfin, la Chambre, a encore adopté en seconde lecture, les rendant ainsi définitifs, les projets sur la caisse nationale de retraite pour la vieillesse (4 août 1885) et sur les rapports des compagnies de chemins de fer avec leurs agents commissionnés, (21 décembre 1882.)

Le projet de loi sur la protection de l'enfance qui a été voté par le Sénat, a fait l'objet d'un rapport à la Chambre.

XVI

Les faits, dit un proverbe anglais, sont des choses entêtées. On peut calomnier la République, on peut diffamer la majorité républicaine des deux Chambres : après la lecture de ce résumé il sera impossible de nier que l'activité législative du Parlement, depuis quatre années, n'ait été féconde. On a pu entasser à plaisir les inventions saugrenues et les accusations empoisonnées contre les hommes d'État qui ont fait de la République un gouvernement et qui ont défendu l'intégrité du patrimoine national : il est impossible d'effacer du *Journal Officiel* et du *Bulletin des Lois* les mesures législatives qui ont été préparées, votées et promulguées du mois d'Octobre 1881 au mois d'Août 1885 et que nous venons

1. Rapports de MM. Maze à la Chambre des députés, et Léon Say au Sénat.

d'énumérer. Sans doute, — et n'en est-elle pas convenue elle-même ? — la troisième législature de la République a commis des erreurs et des fautes ; nous n'avons jamais cru davantage aux parlements qu'aux papes infaillibles. Mais cette législature a été laborieuse, zélée, animée du désir de bien faire, sincèrement dévouée à la démocratie, à la cause du progrès et l'on retrouve partout les traces profondes de son travail. Si la Chambre de 1881 n'a pas mérité le grand nom de Chambre réformatrice, non, il n'est pas juste de dire qu'elle a perdu son temps. C'est une assemblée qui a fait preuve d'intelligence et de savoir, une assemblée qui peut défier bien des comparaisons que celle qui a révisé la Constitution, institué le scrutin de liste, commencé le Code rural, voté les lois sur la réforme judiciaire, le divorce, la relégation des récidivistes, l'artillerie de forteresse, l'administration de l'armée, les surtaxes de douanes, les syndicats professionnels, la liberté municipale, le retour à la législation de l'an II sur les cimetières, l'obligation et la laïcité de l'instruction primaire, l'échange des parcelles, le dégrévement des petites ventes judiciaires, la conversion de la rente, la réduction des journées de travail. Non, un pareil monument législatif n'est pas à dédaigner !

La législature de 1881 a beaucoup et très utilement travaillé : pourquoi ce labeur a-t-il passé presque inaperçu ? pourquoi nous-même, récapitulant ces réformes d'après le *Bulletin des Lois*, sommes-nous étonnés de nos propres constatations ? En voici sans doute la raison : c'est que le vacarme continu des interpellations à grand fracas, les clameurs de la presse d'opposition quand même, le bruit et le tumulte qui sont presque toute la politique des partis extrêmes ont fatigué l'attention au point que lassée, étourdie, elle n'a pas eu le loisir ni la force de se fixer sur la besogne féconde, modeste, tranquille que poursuivaient, malgré tant de tempêtes sans éclair, les hommes de travail et de bon sens. Les ténors qui ne sont préoccupés que de briller sur l'affiche parlementaire et d'avoir de belles chambrées pour les entendre, les intrigants qui agitent la rivière avec fracas pour pêcher ensuite en eau trouble, les aboyeurs dont le métier est d'insulter, voilà ceux qui se pressent au premier rang pour concentrer sur eux les regards. Et ils masquent les travailleurs consciencieux, dédaigneux de la réclame, penchés sur la solution pratique des problèmes complexes, les vrais hommes de progrès qui ne renoncent pas au possible par amour de l'impossible et qui ne sacrifient pas la cause des réformes au plaisir stérile de faire applaudir par des badauds des hâbleries de charlatans. Il est temps peut-être de protester contre tant d'injustices et de remettre chacun dans sa place et chaque chose en son lieu. Assurément, la Chambre n'a pas accompli toutes les améliorations qui avaient été promises, et certes l'on aurait pu faire davantage. Mais qui donc a gaspillé en interpellations et discussions oiseuses le temps du Parlement qui est le temps du pays ?

Ce n'est pas la première fois que les frelons accusent les abeilles de paresse et ce ne sera pas la dernière. Mais les frelons auront beau faire du bruit, le moindre rayon de miel vaudra toujours plus et mieux que leurs plus sonores bourdonnements. Voici, par exemple, M. Clémenceau : il a prononcé d'âpres et spirituels discours dans cinquante interpellations et jamais député n'a fait à lui seul pareille hécatombe de ministères ; tous ces gouvernements qui ont eu pour chefs Gambetta, M. de Freycinet, M. Duclerc, M. Jules Ferry, c'est lui qui les a renversés, précipités, culbutés les uns sur les autres et le temps seul lui a manqué pour abattre le cabinet Brisson sur tant de débris. Eh bien, j'ose le dire : la loi, la modeste loi qui a dégrevé la vente en justice des petites propriétés a mieux servi, que toute cette destructive éloquence, les intérêts du pays !

JOSEPH REINACH

Imprimerie de DESTENAY, (Saint-Amand (Cher.)

CONDITION DE PROPAGANDE

Le cent . . . . 12 f. 75

Ajouter **60** centimes pour recevoir par colis postal en gare, moyen le plus économique.

Les cinq cents . . . . 60 »
Le mille 112 50
Les cinq mille . . . . 500 »
Les dix mille . . . . 900 »

LE PORT EN SUS.

Indiquer exactement la vitesse (grande ou petite) les noms prénoms, domicile et gare d'arrivée.

OUVRAGES DU MÊME AUTEUR

LA SERBIE ET LE MONTÉNÉGRO, 1 volume (Lévy).
VOYAGE EN ORIENT, 2 volumes (Charpentier).
DU RÉTABLISSEMENT DU SCRUTIN DE LISTE, 1 vol (Charpentier).
LES RÉCIDIVISTES, 1 volume (Charpentier).
LE MINISTÈRE GAMBETTA, 1 volume (Charpentier).
LÉON GAMBETTA, biographie, 1 volume (Alcan).

A la Librairie Charpentier

DISCOURS ET PLAIDOYERS POLITIQUES DE GAMBETTA, publiés avec des commentaires et des notes par M. Joseph Reinach, édition complète, onze volumes.

En vente à la même Librairie (Août 1885)

DANS LA MÊME COLLECTION

Les Orléans, brochure in-18 jésus, 36 pages sous couverture.

Petite Histoire de la Famille d'Orléans, grand placard in-plano raisin, orné de sept gravures coloriées, par Adolphe Michel, rédacteur du *Siècle.*

Ce qu'a coûté l'Empire. grand placard in-plano raisin, avec quatre cartes coloriées, texte par le même.

Les Finances de la République, ce qu'on dit et ce qu'on ne dit pas, grand placard in-plano raisin, orné de sept gravures coloriées, par le même.

Le Tonkin: — *Comment nous sommes allés au Tonkin. Devons-nous y rester?* Brochure in-18 jésus, 36 pages sous couverture, par Jules Tessier.

Les Lois de la République, par M. Joseph Reinach, brochure in-18 jésus, 36 pages sous couverture.

Pour les commandes, s'adresser à M. H. E. MARTIN, 45, rue des Saints-Pères, Paris

Les commandes sont exécutées aussi promptement que possible et da   our ordre l'arrivée. Elles doivent être accompagnées d   ur montant.

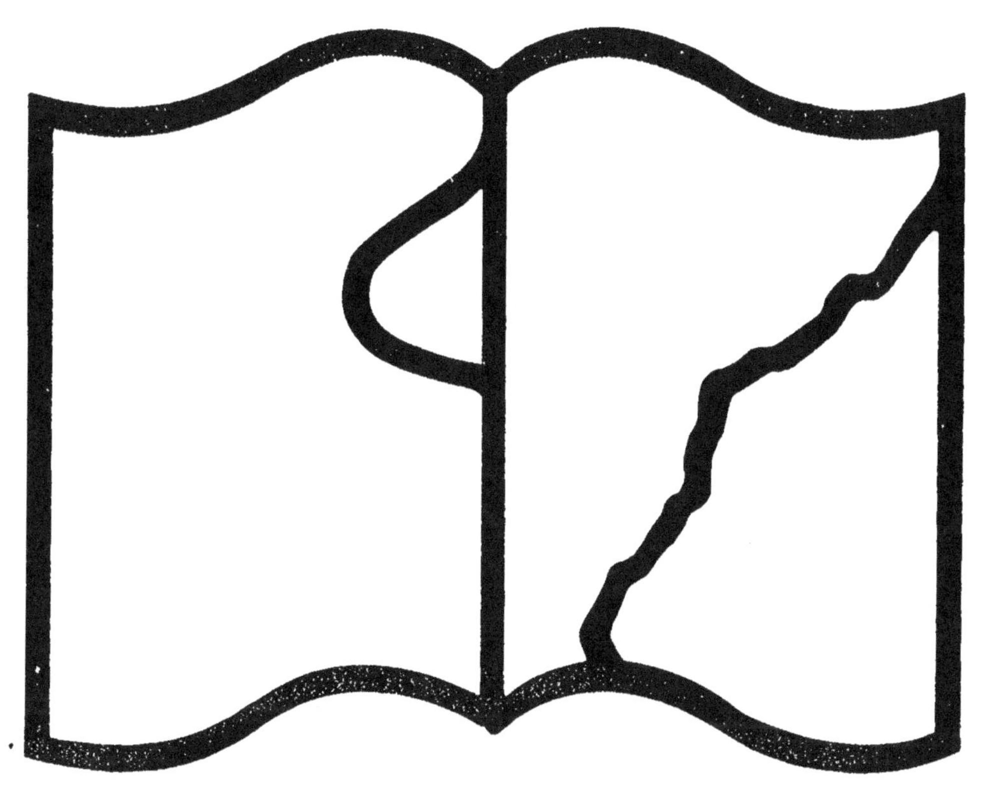

Texte détérioré — reliure défectueuse

NF Z 43-120-11